AF296566

Paris Fortifié

seule et incontestable garantie de l'Indépendance

de la FRANCE

Dans les hautes questions d'intérêt national, j'ai toujours pensé que tout bon citoyen, et à plus forte raison tout homme public qui a longtems servi son pays, lui devait l'hommage de ses méditations, toutes les fois qu'il y voyait utilité et urgence.

C'était pour remplir ce devoir que je m'étais déterminé, en 1828, à présenter au gouvernement un Projet dont les circonstances favorisaient l'exécution et dont le succès, indubitable à mes yeux, devait restituer à la France son assiette géographique naturelle ; donner satisfaction à son orgueil blessé ; et réconcilier une nation, si jalouse de son honneur et de sa gloire, avec une Dynastie qui avait eu le malheur d'avoir été imposée par l'étranger, comme un monument de son triomphe pour en perpétuer l'insulte, et peut-être aussi comme un instrument de domination !

Ce Projet, franchement accepté par le ministère, avait été l'objet d'une négociation positive auprès de l'empereur Nicolas, et ce prince avait été tellement subjugué par l'évidence des intérêts communs de la France et de la Russie, relativement à l'Angleterre ; tellement flatté des chances brillantes ouvertes à son ambition pour l'accomplissement de ses vues personnelles, qu'il avait tout approuvé, tout accepté. — La limite du Rhin était rendue à la France.

Une alliance aussi formidable menaçait de trop grands périls l'avenir de l'angleterre pour qu'elle échappât à sa surveillance. Sa pénétration en avait soupçonné le projet et le but, son habileté sut en acquérir le secret, et le Ministère qui avait osé en réaliser le plan fut renversé par la puissance de sa diplomatie. Alors, fut rappelé de l'ambassade de Londres, pour former un ministère nouveau, un homme dont le dévouement exalté s'était signalé dans toutes nos crises politiques. Honoré de la faveur et de l'affection du Prince, confident de ses pensées les plus intimes, il se croyait prédestiné à ramener sous le sceptre tout puissant de l'ancienne monarchie, cette France égarée par les vertiges des révolutions. Et tous les deux, le Prince et le Ministre, n'étaient, en réalité, que les instruments aveugles de la profonde politique de l'angleterre — Funeste cécité qui a coûté, au Prince sa couronne, au Ministre sa liberté.

C'est

C'est ainsi qu'un projet conçu dans l'intérêt de la famille régnante tout aussi bien que dans celui de la France, a non seulement manqué son but, mais est virtuellement devenu la cause première de la chûte subite de la branche ainée des Bourbons; c'est-à-dire, la cause de la révolution de Juillet 1830.

En effet, c'est ce projet trop bien accueilli par l'Empereur de Russie qui, par l'enchaînement et la réaction de ses conséquences, a successivement produit le renversement du Ministère Martignac l'avènement du Ministère Polignac qui l'a remplacé; les malheureuses ordonnances que son imprudence a conseillées; et la catastrophe qui en a été le châtiment terrible. — Exemple nouveau de l'influence mystérieuse que les causes les plus éloignées exercent, — quelque fois, sur la destinée des empires et des Rois?! l'Angleterre, elle-même, en a ressenti le contre coup. La réforme qui a ébranlé sa vieille constitution n'est-elle pas aussi l'un des effets de la Révolution de Juillet et la conséquence imprévue de la mission du Ministre Polignac!

Ce n'est pas pour reproduire cet ancien projet que je me décide à rompre le silence que je m'étais imposé; non pas que mes opinions aient changé sur ce point, car il est des intérêts qui restent immuables; mais de nouveaux faits accomplis ont pu commander d'autres combinaisons. Je laisse au tems à débrouiller les complications dont la

politique a su embarrasser la solution de cette grave question.
J'ai confiance en l'avenir et je crois à la toute puissance de la
nécessité. Aussi, éviterai-je de rentrer dans la discussion du
système, en reproduisant les argumens qui en démontraient
l'importance et les avantages. Une opposition systématique
ne s'en est que trop servi, sous toutes les couleurs, pour chercher
à déconsidérer le gouvernement et pour paralyser la sagesse
de sa direction. Il est pour les nations, comme pour les individus
des circonstances difficiles et impérieuses où la patience et la
force d'inertie sont conseillées par la prudence ou commandées
par la nécessité. Le tems et la force des choses amènent, plus
tard, ce que la précipitation aurait pu compromettre.

Quelques écrivains se sont fait une arme de mon projet
pour attaquer le gouvernement de Juillet sous l'apparence
de n'en discuter que la politique. Leurs brochures ont parfois,
reproduit mon plan et mes vues avec une fidélité dont mon
amour-propre aurait été trop flatté si j'avais pu munir avec
eux d'intention et de but. J'ai aussi retrouvé l'idée et les vues
de mes mémoires dans plusieurs discours prononcés aux deux
chambres ; dans les colonnes des différens journaux qui
appartenaient à l'opinion des orateurs ; et dans quelques
ouvrages politiques qu'à fait éclore la question d'Orient.

Chacun a pu s'attribuer le mérite de l'initiative, car je n'ai
jamais élevé la voix pour en revendiquer la priorité, quoiqu'
elle m'appartînt depuis 1809.

Aujourd'hui

5

Aujourd'hui, il ne s'agit plus de réveiller de trop flatteuses espérances. Si les intérêts communs qui avaient rapproché les deux puissances contractantes subsistent toujours, l'état des choses qui permettait de les satisfaire ne subsiste plus. Un nouvel état a surgi spontanément sur le sol en litige. Ses destinées se sont associées avec les nôtres, il est devenu le gage de la paix de l'Europe. Fut-il permis de supposer que l'alliance Anglaise, qui en est le pivot, ait été décidée moins par la sympathie des peuples ou l'habileté des négociateurs que par la crainte que notre retour sur le Rhin ne fut la conséquence forcée de la révolution de Juillet ; et cette alliance, elle-même, n'eut-elle été qu'un expédient suggéré par la méfiance comme l'unique moyen de soustraire les Bouches de l'Escaut et la Belgique entière à la domination de la France, nous ne lui serions pas moins redevables des bienfaits que cette paix a répandus avec tant de libéralité. C'est elle qui a fécondé notre sol, enrichi nos cités, ouvert mille canaux aux produits variés de leur active industrie et multiplié partout les prodiges d'une prospérité toujours croissante. — Acceptons-la comme compensation de la puissance qui nous a échappé. C'est aussi une conquête dont la gloire est d'autant plus pure qu'elle ne coûte à l'humanité ni pleurs ni sacrifices.

Mais si notre ambition se résigne à se trouver satisfaite de cette conquête pacifique, ne devons-nous pas en assurer la possession? ne devons-nous pas la mettre à l'abri de toutes les entreprises que l'intérêt, la jalousie, la malveillance, pourraient, un jour, inspirer à nos voisins à nos rivaux, à l'Europe ennemie encore une fois conjurée contre nous? — Un bien plus précieux que nos richesses, notre indépendance, ne peut-elle pas être menacée? ne serait-elle pas d'autant plus compromise que nos frontières naturelles ont été effacées par les traités de Vienne et de Paris? que l'étranger s'est rapproché du cœur de la France par les positions qu'il a prises et par les voies qu'il s'est ouvertes pour faciliter ses invasions? Deux fois déjà, la capitale a vu ses armées inonder ses places et ses rues; ses cavaliers sauvages camper dans les jardins de ses Palais, et ses chefs altiers disposer à leur gré de la fortune, de la liberté, de l'honneur, de la vie de ses citoyens humiliés.

Chaque fois, l'occupation de la capitale a rendu l'ennemi maître de la France entière; les provinces ont reçu ses lois sans qu'il fût besoin d'en faire la conquête et s'il a consenti à recevoir pour prix de notre rançon les trésors accumulés de notre puissance passée, c'est un acte de générosité dont son orgueil a prétendu nous imposer la reconnaissance ... il aurait pu nous démembrer et se partager nos lambeaux.

Voulons-nous donc rester dans la même situation p

perpétuer notre dépendance et conserver à la discrétion des Étrangers la fortune publique et particulière de la France ? est-ce par la honte d'un rachat périodique que nous prétendrions assurer notre nationalité ? non, certes ! je vois tout ce qui porte un cœur d'homme, en France, s'indigner d'une pareille pensée ; je vois la rougeur de la honte et de la colère monter au front de tous, sans distinction de partis, d'opinions, de classes, de Professions. — Pour le salut du pays, il ne peut y avoir en France que des Français ! c'est dans le sentiment de l'énergie nationale qu'il nous faut puiser d'honorables inspirations pour sa défense et c'est l'expérience du passé qui doit éclairer notre courage ?

Ne serait-ce pas un moyen efficace pour prévenir toute invasion sérieuse de la France et pour l'affranchir, à jamais, des dangers dont une nouvelle coalition pourrait encore menacer son indépendance politique et jusqu'à son existence matérielle, que de fortifier la ville de Paris.

Telle est la question que je me suis proposé de traiter. Que ne puis-je l'exposer et la discuter de manière à frapper tous les esprits de l'évidence qui me maîtrise ! Je m'efforcerai, du moins, de la rendre intelligible pour tous, en la dépouillant de l'appareil scientifique qui la spécialise et qui en limiterait la compétence aux hommes de guerre. C'est au bon sens public que j'en soumets l'appréciation. C'est le jugement du pays que je provoque comme celui d'un grand jury qui n'obéit qu'à sa conviction. C'est au patriotisme de tous, que je livre le débat et la solution d'une question qui intéresse la fortune, l'honneur et la vie de tous.

Cette question n'est pas nouvelle : ce n'est pas moi qui l'élève. Je ne fais que la rappeler et je n'ai pas d'autre prétention que celle de la présenter sous le point de vue qui la montre dégagée de toute influence de parti et de toute rivalité de système, pour la ramener à une question d'État, ou plutôt à une question d'existence nationale dont la raison publique comprendra toute l'importance et qu'elle saura décider par la considération des immenses intérêts qu'elle embrasse. — De sa solution dépend, dans ma conviction, non seulement la sécurité, mais aussi l'avenir de la France.

Il n'est pas d'opinion erronée ou même déraisonnable qui n'ait trouvé des promoteurs ardens et des défenseurs de bonne foi. La question de savoir si les capitales des Empires doivent être fortifiées ou rester ouvertes, question de vie ou de mort que le simple bon sens et l'instinct de conservation décident d'un arrêt absolu, n'a-t-elle pas divisé les politiques, les négocians, tout aussi bien que les

militaires? chacun la résolue d'après les conditions qu'il a
prises pour données du problème : c'est-à-dire d'après ses
vues, ses systèmes, ses préjugés, ou les intérêts de sa
position personnelle. — sources fécondes d'illusions et d'erreurs
involontaires! dans une pareille question, le jugement du
pays vaut mieux que celui des savans. Pour lui, l'objet
principal n'est point obscurci par les considérations accessoires
de la politique, par les rapports compliqués des intérêts secondaires,
par les combinaisons d'une stratégie systématique. Il va
droit au but. C'est le salut public qu'il voit avant tout
et qu'il veut assurer avant tout. Qu'importe le reste, si la
patrie succombe! ce n'est pas lui qui conseillera d'abandonner
sans défense, aux chances incertaines de la guerre et aux invasions
de l'ennemi, la Capitale de l'État, la résidence Royale, le
centre de tous les pouvoirs & de toutes les administrations,
le dépôt de la fortune publique, le foyer de vie et d'action
du corps social. Ce point important sera le premier
dont il exigera la sûreté, le premier qu'il voudra placer
sous la protection d'une bonne enceinte fortifiée, capable
d'une résistance vigoureuse et décisive.

Quels que soient les moyens de défense distribués sur
les frontières et dans l'intérieur d'un Royaume, quelque
confiance que puissent inspirer les meilleurs soldats,
jamais une Capitale ne doit rester exposée aux insultes
d'un partisan audacieux et à l'invasion subite d'une

armée victorieuse. — Sa chûte peut entraîner celle de l'Empire. Rien, au contraire, n'est désespéré quand on la sait bien fortifiée et disposée à se défendre. — L'armée qui vient d'éprouver un échec n'est plus dans la nécessité de s'acculer sous ses murs pour la couvrir directement. Elle reste maîtresse de donner une autre direction à sa retraite. Elle se rallie sous la protection des places fortes et revient, menaçante, arrêter l'ennemi et le forcer à la suivre. Alors la guerre change de théâtre et de caractère. Alors, s'ouvrent de nouvelles chances de représailles et de succès. Si l'ennemi victorieux avait osé pousser jusqu'à la capitale pour l'attaquer sérieusement, il se serait gravement compromis ; car il ne serait plus en état de protéger ses communications et d'assurer ses convois. Force lui serait d'abandonner ses projets pour pourvoir à sa propre sûreté.

Il n'est personne qui ne saisisse immédiatement la corrélation de ces mouvements et qui ne reconnaisse l'importance ou plutôt la nécessité de fortifier toute capitale.

Le principe est absolu quelle que soit la faiblesse ou la puissance de l'État auquel elle appartient, soit que ses frontières se trouvent dépourvues de tous moyens de défense extérieure, ou qu'elles soient couvertes d'un réseau de places fortes méthodiquement distribuées et adaptées à un système de défense régulier et prévu. Dans le premier cas, c'est autour de la capitale fortifiée que pivote et que manœuvre l'armée qui défend le pays. Dans le second cas, et dans la supposition que l'ennemi ait, après une bataille gagnée, franchi la ceinture des places fortes, sans s'en inquiéter, pour marcher directement sur la Capitale, c'est pour l'arrêter et le livrer à toutes les entreprises de l'armée laissée sur les derrières ou sur les flancs.

On objectera qu'il est fort peu d'États en Europe dont les Capitales soient fortifiées et que ce fait peut être opposé avec avantage à l'opinion qui vient d'être soutenue et érigée en principe. Je répondrai qu'un fait qui n'est qu'une circonstance accidentelle d'un état de choses donné, ne peut être invoqué comme une conséquence nécessaire de cet état de choses; et que ce serait mal raisonner que de se prévaloir de ce qui n'existe pas, pour prouver que le contraire ne saurait être bon et utile. L'objection me fournit, au contraire, un argument de plus pour mieux établir encore la nécessité de l'application du principe. Je dirai que c'est précisément parceque les capitales des États de l'Europe n'ont point été fortifiées que Napoléon, dans ses guerres gigantesques, a pu négliger les places des frontières pour atteindre plus rapidement le cœur de l'État et le frapper d'un coup mortel. Si ces Capitales avaient été fortifiées et défendues avec vigueur, alors, les places laissées sur les derrières auraient repris leur rôle et rempli leur destination . _

Il aurait bien fallu retourner et en faire le siège pour
assurer sa ligne d'opération.

Les faits viennent confirmer ce que la raison indique...
C'est la fortification de Vienne qui a sauvé l'Empire et
l'Europe de la domination des Turcs. Ce sont les hautes
et magnifiques murailles de Gênes qui ont amené la destruction
de l'armée Autrichienne en 1747. C'est parceque les fossés
et les remparts de Turin avaient été convertis en jardins de
plaisance que Napoléon a pu rentrer en Italie; c'est
parceque Naples n'était point fortifiée que le Roi Murat
a été fusillé et le pays assujetti par les Autrichiens. —
L'insurrection des campagnes et de la montagne les auraient
détruits comme ils le furent à Gênes.

C'est donc avec raison que nous établissons comme
axiôme d'État et de défense nationale que Toute capitale
doit être fortifiée.

Si ce principe fondamental n'était pas d'une évidence
manifeste pour tous les esprits, il serait confirmé par l'autorité
du Maître. Napoléon l'a proclamé et démontré rigoureuse-
ment. Non pas seulement par ses paroles et la force de
ses raisons; mais par le fait immense de sa chûte
colossale. Les leçons qu'il avait données à ses ennemis
ont tourné contre lui, parceque son empire manquait,
comme les leurs, d'une capitale fortifiée.

Cette discussion me conduit naturellement à consigner
ici une opinion que je ne veux pas perdre l'occasion d'énoncer

Beaucoup d'écrivains et d'orateurs militaires ont soutenu que le système des guerres modernes ayant complètement changé, les places devenaient inutiles et ne pouvaient plus servir de bases et de moyens de défense. J'ai à leur répondre que les guerres d'invasion n'auraient plus lieu et que les places reprendraient toute leur importance défensive et stratégique si les Capitales étaient fortifiées. Je ne puis discuter ici les preuves justificatives de mon assertion, — parce que ce n'est point la question que je me suis proposé de traiter; mais elle se lie assez étroitement avec celle qui m'occupe pour que la solution de l'une soit, indirectement, applicable à l'autre. — Je me hâte de revenir à mon sujet.

Il ne suis pas du principe admis, que toutes les capitales aient une valeur relative égale et qu'elles exercent la même influence sur les destinées de leurs états respectifs. Le sort de ces États est lié d'autant plus étroitement avec le leur que ces villes correspondent plus parfaitement, par leur importance, à celle de l'État lui-même et qu'elles réagissent sur le pays par une communauté d'intérêts plus nombreux et plus puissans. Sous ce rapport, il n'est point de capitale sur le continent Européen qui puisse être assimilé à la ville de Paris.

Qui pourrait s'étonner que la chûte de cette ville immense

ait constamment entraîné celle de l'Empire. Paris n'est pas seulement le cœur de la France, c'est la France toute entière. Il n'est pas un seul point de sa surface qui n'y soit représenté par un intérêt et dont la fortune ne se rattache à la sienne. Paris est le dépôt de toutes les richesses, de toute les capitaux du Royaume, le centre et le mobile de toutes les entreprises, de toutes les industries. Tout part de son sein, tout revient à sa source. Il domine, il maitrise tous les intérêts matériels du pays.

Son influence morale n'est pas moins puissante. C'est son impulsion qui transmet partout le mouvement et la vie, c'est son exemple qui dirige et entraîne les provinces. — Son occupation par l'ennemi, c'est la conquête de la France.

L'importance et l'ascendant de la ville de Paris sont à peine indiqués par cette esquisse imparfaite. J'en aurais donné une idée plus exacte, plus vraie, en représentant la Capitale de la France comme un second Royaume placé au centre du premier et renfermant dans son sein tous les pouvoirs communs à cette double Monarchie; tous les ressorts de gouvernement, d'administration, de Finances et de police; tous les moyens de puissance et tous les trésors de l'État. Qu'on ajoute au tableau, cette agglomération d'habitations sans nombre, distribuées sur une surface immense ; cette foule de monumens et de Palais somptueux ; ces milliers d'usines, de fabriques, d'Entrepôts, de magasins ; une population d'un million d'habitans avec l'élite de la nation et plus de cinquante millions de revenus annuels ; c'est-à-dire un revenu municipal plus considérable que celui des Royaumes de Suède, de Dannemarck, de Wurtemberg, de Piémont, &c.&c. Voilà ce qu'est Paris ! voilà ce qu'on ose livrer, sans défense, à l'invasion de l'ennemi.

—————————

Il fut une époque où le Gouvernement, frappé des dangers dont une guerre générale pouvait, d'un jour à l'autre, menacer la France, songea sérieusement à fortifier la Capitale. Mais cet élan salutaire, comme toutes les résolutions suggérées par la peur, ne survécut pas longtems à la cause qui l'avait produit. Le projet primitif se modifia successivement sous l'influence de considérations étrangères à son objet. Un système nouveau qui paraissait réaliser l'idée première et satisfaire à d'autres vues, en dispensant d'une enceinte continue, contre laquelle le haut commerce et la haute bourgeoisie avaient manifesté de grandes préventions, commença à se produire dans le public, sa discussion, sous le rapport de la question d'art, souleva des dissidences dont la malveillance et l'esprit de parti profitèrent pour calomnier et embarrasser le Gouvernement. La Chambre peu compétente, quant à l'appréciation raisonnée du système fut cependant saisie d'une proposition régulière ; mais cette proposition timidement présentée, timidement défendue alla s'éteindre et s'ensevelir dans les cartons de ses archives.

Aujourd'hui que le danger n'est plus apparent, la nécessité n'est plus sentie et le Projet demeure oublié. L'attention publique a été absorbée par d'autres intérêts qui, tout secondaires qu'ils soient en effet, ont prévalu par leur actualité et ont fait perdre de vue l'avenir. On s'est abandonné avec complaisance à l'idée qu'une coalition contre la France n'était plus une éventualité admissible dans l'ordre des événemens futurs ; parceque les intérêts politiques et commerciaux développés par la révolution de Juillet avaient établi entre tous les peuples des rapports de bienveillance mutuelle qui n'avaient rien à redouter des dispositions rancuneuses de leurs gouvernemens et de l'ambition de leurs souverains. — Singulière garantie que la sympathie des Peuples ! elle n'a pas sauvé la Pologne. — Où donc trouvez vous des preuves positives de cette sympathie Européenne sur laquelle vous faites reposer votre sécurité est-ce dans l'histoire du passé, ou dans les souvenirs de l'occupation ? est-ce dans la modération de vos prétendus amis ? appelez en témoignage la spoliation de vos maisons, le bouleversement de vos fortunes, les malheurs, et peut-être la honte de vos familles.

Ce n'est point au ressentiment d'un cœur justement blessé que je puis demander une réponse impartiale. Je ne veux l'obtenir que d'une froide et saine raison. C'est elle que je fais juge de la position respective de la France et des puissances qui l'entourent. Je lui demanderai s'il est permis de croire que la révolution de Juillet n'ait excité chez nos voisins que des sentimens de bienveillance et de sympathie ? S'il est douteux, pour personne, que les gouvernemens et les souverains frappés de terreur, au premier moment, n'aient pas été saisis de la plus profonde animadversion contre la France ? Si l'on ne doit pas encore les supposer sous l'impression des mêmes sentimens et réunis par un intérêt commun de dynastie et d'absolutisme pour affaiblir et peut-être pour châtier le peuple et le prince qui ont donné au monde un exemple aussi dangereux ?

Ce qu'ils n'ont point osé tenter immédiatement, effrayés qu'ils étaient par le réveil menaçant du Lion démuselé, ils peuvent conserver l'espérance de le réaliser plustard et s'y préparer sourdement par des moyens détournés qui échappent à votre méfiance.

Croyez vous que ce soit pour les seuls intérêts du commerce et de l'industrie Allemande que tous les États secondaires, ceux qui nous touchent immédiatement, ceux dont les dispositions étaient les plus suspectes, ceux enfin que leur position et leur faiblesse plaçaient le plus directement sous notre influence et notre protection, ont été enchaînés par une association qui a détruit leur indépendance et leur individualité. N'est-ce pas pour les placer sous la direction d'un pouvoir unique, afin qu'il put, un jour, disposer d'eux suivant ses vues et les asservir bon gré, malgré, aux combinaisons de sa politique ?

On pourrait s'étonner que l'Autriche n'ait pas été alarmée d'une disposition qui enlève à son patronage une grande partie de l'allemagne pour la rattacher à la Prusse, sa rivale naturelle, si la France n'avait pas été le but secret de cette organisation nouvelle. Il faut que cette considération ait paru d'un intérêt bien puissant pour que l'Autriche se soit exposée à compromettre ainsi sa suprématie séculaire.

Qu'on suive avec attention les mouvemens de la politique étrangère depuis la révolution de Juillet ; qu'on étudie sa marche et que, sans passion, on déduise de ses procédés les intentions qui l'ont dirigée. Si l'événement de la révolution avait été accepté sincèrement comme un fait accompli dont les conséquences ne pouvaient être éludées, n'auraient-elles pas dû recevoir la sanction d'un traité authentique ? cependant, on chercherait en vain un acte de bonne foi et de sécurité pour l'avenir. Rien n'a été réglé définitivement parcequ'on n'a pas voulu gèner les déterminations ultérieures par des arrangemens positifs et solemnels. On laisse tout subsister par tolérance ; mais rien de ce qui existe n'a, pour se perpétuer, la reconnaissance d'un droit acquis et reconnu. On échappe même aux conventions des protocoles par des subterfuges ou par l'exigeance de compensations absurdes; et la Belgique n'est pas, aujourd'hui, plus solidement constituée par des garanties réciproques entre les États intéressés, que le premier jour de l'insurrection . Qui peut affirmer que ce qu'on appelle l'entêtement du Roi Guillaume ne soit pas un voile politique ?

Un fait très significatif qui décèle les vues ultérieures de ce monarque et de la coalition étrangère, c'est la défense faite à la Belgique de fortifier Arlon qui fait cependant partie du territoire qui lui est concédé. Pourquoi cette interdiction ? Ne prouve-t-elle pas une restriction mentale dans l'abandon apparent des droits constitués par les traités de Vienne et de Paris, et l'intention d'en ressaisir la possession ? — Un autre incident non moins étrange, c'est qu'on ne voit pas le Roi des Belges appliquer à la fortification de Diest les fonds que les Chambres lui ont accordés pour cet objet — D'où vient cet ajournement ne serait il pas la conséquence d'une opposition étrangère?

Au reste, ce n'est pas la fortification de Diest qui donnera de la consistance à la Belgique, c'est celle de Bruxelles. Mais dussent les deux chambres s'empresser de voter les sommes nécessaires, Bruxelles restera ouverte aux invasions de ses voisins, parcequ'il leur convient que les choses restent ainsi.

Qu'il me soit permis, à cette occasion de manifester mon étonnement de ce que l'érection du nouveau royaume de Belgique ne nous ait pas fourni l'occasion de rentrer, au moins, dans la possession de quelques districts enlevés à la vieille France pour ouvrir une route plus courte et plus facile aux invasions de l'ennemi. Philippeville, Marienbourg, &ᶜᵃ, ne pouvant plus appartenir au Roi de Hollande ne devaient ils pas être restitués à la France? pourquoi donc en doter la Belgique qui n'y avait aucun droit? quand elle recevait de notre générosité une couronne Royale et son installation en Europe comme État indépendant. Il a fallu rencontrer une disposition bien obstinément défavorable, pour que le Roi ait du renoncer au bonheur de rendre à la France ces faibles portions de territoire déchirées de son sein et dont la restitution eut été accueillie avec tant de reconnaissance. — Un refus aussi malveillant ne suppose t-il pas la prévoyance?

que la Belgique est destinée à retourner, un jour, sous la domination de la coalition et qu'elle doit y rapporter ses places fortes et les clefs du Royaume de France, afin que l'intention primitive ne soit point éludée ?

La présence à Paris des ambassadeurs de toutes les puissances n'est pas une preuve complètement rassurante de leurs dispositions amicales. Elle constate seulement que l'état présent des choses n'est pas la guerre, mais elle ne garantit pas l'avenir. Souvent une circonstance fortuite décèle bien plus sûrement les sentimens intimes et les vues secrètes des gouvernemens que les démonstrations extérieures. Ne serait-on pas fondé à conclure de l'étrange résultat du voyage que vient de faire en Allemagne l'héritier de la couronne, malgré l'accueil gracieux fait à sa personne et à ses brillantes qualités, que le Roi des Français n'est pas encore admis dans la famille des Rois de l'Europe. Non, qu'il ne soit, personnellement, l'objet de la plus haute estime, — comme homme supérieur et comme Prince, mais parce qu'il représente la révolution de Juillet qui n'a point encore trouvé grâce devant les vieilles monarchies du continent. Leur rancune saurait bien saisir le moment d'éclater. Les prétextes ne manqueraient pas lorsque les moyens d'agir seraient prêts et que l'occasion paraîtrait favorable.

Qui nous a dit qu'un jour, et ce jour peut être plus rapproché qu'on ne pense, la confédération germanique ne réclamera pas, à main armée, la restitution de ses droits sur le Luxembourg et n'appellera pas à son aide les grands États qui se sont constitués, à dessein, les garans et les protecteurs obligés de son intégralité. Cett hypothèse n'a rien de déraisonnable. Ils auraient pour eux la lettre des traités et ils seraient en droit de rejeter sur votre mauvaise foi et sur l'injustice de votre agressio la responsabilité d'une attaque qu'ils auraient frauduleus ment concertée et dont ils auraient, à votre insçu, prépar d'avance les moyens de succès.

Ce ne sont pas les seuls dangers de perturbation : — L'Espagne pourrait aussi devenir un sujet de rupture et de querelle, si la France jugeait à propos de se jeter au travers de l'anarchie qui la dévore pour aller appuyer je ne sais quelle autorité, car il n'en existe nulle part et dans aucun parti. Au reste, l'expédition audacieuse de Gomez, que chacun a pu considérer comme le prélude d'un triomphe décisif pour les Carlistes, a produit un effet tout contraire. Elle a prouvé, à mon sens du moins, que le parti de Don Carlos n'a point de racines profond sur le sol méridional de l'Espagne. Autrement, il ne se fut pas borné à lever des contributions, à charger les siens de butin, à spolier les églises et les couvens. Il eux organisé, au nom du Souverain, les provinces qu'il a parcourues et se fut présenté devant Madrid à la tête d'une armée assez forte pour imposer soumission et obéissance. L'occasion d'une intervention utile a échappé. C'était au moment où le prétendant rejoignait pour la première fois les quelques cents partisans rassemblés pour le recevoir, qu'il fallait immédiatement, dans les vingt-quatre heures, le faire enlever brusquement et étouffer ainsi le parti.

Aujourd'hui, des événemens graves et compliqués ont changé l'état de la question. Ce serait m'éloigner de mon sujet que d'entrer dans l'appréciation des embarras qu'elle pourrait susciter au gouvernement. Seulement, il me suffira de faire remarquer que tout ce qui s'est passé dans la Péninsule depuis l'entrée du prétendant ne peut qu'inspirer une juste défiance. — Comment s'expliquer, en effet, avec les seules ressources des provinces Basques, la formation, l'entretien et l'accroissement successif de la miraculeuse armée de Don Carlos, si les gouvernemens étrangers n'avaient pas joint leurs secours puissans aux faibles offrandes de ses partisans de tous les pays. — La main qui a fourni ces moyens de guerre et ces millions doit être bien puissante aussi pour les avoir soustraits à notre vigilance et à celle de l'Angleterre. Croit-on que tant de sacrifices aient été prodigués pour la seule cause de l'Espagne, si étrangère, en réalité, à la politique des puissances du Nord. La France ne serait-elle pas l'arrière pensée de cette mystérieuse coalition ?

Si donc il existe tant de motifs plausibles de suspecter les sentimens et les dispositions de l'Étranger à notre égard, tant de causes possibles d'une guerre extérieure, c'est-à-dire d'une nouvelle coalition contre nous, n'y a-t-il pas urgence à nous mettre en mesure d'échapper aux désastres d'une troisième invasion ?

Cette nécessité est d'autant plus impérieuse que l'enthousiasme qui avait éclaté avec la révolution de Juillet s'est considérablement affaibli et qu'il s'éteint, de plus en plus, tous les jours. Quoi qu'on en puisse dire, il faut le confesser, le seul sentiment national qui soit aujourd'hui apparent pour tout le monde c'est l'indifférence pour le gouvernement, comme pour le pays. Je sais bien que les menaces de l'ennemi et sa présence sur le sol de la patrie auraient promptement réveillé l'énergie populaire. Mais le dévouement ne suffit pas toujours au salut de l'État & ce n'est pas un mouvement tumultuaire qui arrête une armée victorieuse ou envahissante.

Vous me direz que la position de la France n'est plus ce qu'elle était en 1814 et en 1815 ; qu'alors, elle avait toute l'Europe conjurée contre elle et qu'aujourd'hui, elle se glorifie d'avoir pour amie la puissance même qui, dans d'autres tems, avait été l'âme de toutes les coalitions dirigées contr'elle. — J'apprécie à sa juste valeur tout le poids que l'Angleterre apporte dans les alliances où elle veut bien s'engager; mais qui vous garantit leur perpétuité? Sept cents ans d'inimitiés et d'hostilités depuis Hastings jusqu'à Waterloo, ont bien aussi leur poids dans la confiance que doit inspirer une affection de quelques jours. Si mes préventions personnelles déjà connues ne m'exposaient pas à trop de méfiance, j'irais chercher la preuve de sa sincérité dans la politique qu'elle a suivie. Elle se résume, pour moi, dans l'application constante en Europe, comme dans l'Inde, d'une maxime de gouvernement dont je reconnais la justesse et l'utilité; mais dont il est permis de se garer: C'est le divide ut imperes. En effet, l'Angleterre s'est servi de la Russie pour abattre la France, elle veut se servir de la France pour abattre la Russie. Mais pourquoi suspecter ses intentions? quelles qu'elles soient, en effet, leur faites vous injure en prenant vos précautions? ne serait-ce pas le comble du délire que d'abandonner à un étranger, fut-il votre meilleur ami, le soin de votre conservation, de votre existence?

Quelques esprits timorés pourraient entrevoir dans la résolution de fortifier la Capitale du Royaume le danger de réveiller certaines susceptibilités de voisinage. Je ne saurais comprendre leur inquiétude, car il ne s'agit ici que d'une mesure défensive ; en quelquesoit la bienveillance de nos relations diplomatiques, je ne pense pas que notre déférence voulut aller jusqu'à renoncer au droit de rester les maîtres chez nous, et de veiller à notre propre sûreté. Si notre détermination devenait l'objet d'une seule observation de la part des Étrangers, c'est alors qu'il faudrait se hâter de la mettre à exécution, d'autorité : car leurs sentimens et leurs projets cesseraient d'être douteux.

Qu'on ne se hâte pas de conclure du passé pour l'avenir. L'expérience profite aux peuples comme aux individus. Si jamais Paris était envahi une troisième fois, ce ne serait plus par une rançon d'un milliard qu'il pourrait se racheter. L'Ennemi voudra détruire, pour des siècles, toutes les ressources de la puissance publique et il sait trop bien que les fortunes privées, le Commerce, l'industrie, en sont des élémens trop précieux et trop puissans pour ne pas les anéantir tous ensemble d'un même coup. Il a trop regretté de n'avoir pas bouleversé la France jusque dans ses fondemens, pour lui laisser les moyens de se relever. Ce n'est donc pas seulement le gouvernement qui soit intéressé à fortifier Paris, comme le meilleur moyen de défense du Royaume ; mais aussi les propriétaires, les banquiers, les négocians, les industriels, pour y conserver, à l'abri de ses remparts, leurs maisons et leur mobilier ;

leurs capitaux, leurs produits, leurs marchandises, leurs manufactures et leurs établissemens. Se flatter d'une protection spéciale serait une erreur funeste ! acheter la générosité de l'ennemi, en séparant ses intérêts de ceux du pays, serait se livrer à sa merci par une lâcheté et mériter son mépris, sans assurer son propre salut !

Nous avons établi en principe que toutes les capitales devaient être fortifiées, et que cette obligation était d'autant plus impérieuse que leur importance intrinsèque était plus considérable et leur influence, sur l'ensemble du pays, plus active et plus entraînante. Nous avons signalé Paris comme la Capitale qui jouissait, au plus haut degré, de cette double propriété et qui, à ce titre, commandait plus qu'aucune autre ville de l'Europe l'application du principe posé. Il nous reste à prouver, qu'en effet, fortifier la ville de Paris c'est, non seulement soustraire à l'ennemi les immenses richesses qu'elle renferme et les ressources infinies qu'elle procure, mais encore que c'est affranchir pour jamais la France entière de toute invasion sérieuse et de toute occupation solide.

Avant d'entrer dans la discussion des faits et des moyens qui doivent en fournir la preuve, il est nécessaire de définir clairement ce que j'entends par une Capitale fortifiée.

C'est

C'est une place renfermée dans une enceinte continue dont les dispositions linéaires, suivant son étendue et son site, sont conformes aux règles de l'art ; et dont les dimensions de son profil, c'est-à-dire, la hauteur et la largeur des remparts, la largeur et profondeur des fossés, l'épaisseur et la hauteur des revêtemens en maçonnerie, sont telles que l'Ennemi ne puisse l'insulter ni la surprendre ; qu'il ne puisse l'approcher sur aucun point sans être vu directement et de flanc ; qu'elle soit à l'abri de toute escalade possible et de toute attaque quelconque autre que celle qui doit, méthodiquement, conduire à l'ouverture d'une brèche faite à coups de canon, pour y pénétrer de force par un assaut définitif. Toute capitale fortifiée qui ne satisferait pas à ces conditions de première nécessité serait impropre au rôle que je lui attribue ou ne le remplirait qu'imparfaitement : car mon but est de réduire la garnison régulière au plus petit nombre possible, afin de ne pas affaiblir l'armée ou les armées qui tiennent la campagne et qui manœuvre au dehors ; de garantir une entière sécurité à cette garnison ainsi qu'à la population ; et d'obliger l'ennemi à passer par toutes les lenteurs et toutes les difficultés d'un siège régulier.

L'application de ma définition à la fortification de Paris me range nécessairement parmi les partisans de l'enceinte

continue, non point par les motifs qui ont soulevé tant
de récriminations contre les forts détachés ; car les intentions
du gouvernement ne pouvaient être suspectes pour personne ;
mais uniquement parce que des forts éloignés les uns des
autres de 1,000 à 1,200 toises ne peuvent surveiller et
défendre avec efficacité les intervalles qui les séparent, —
sans le concours d'une force considérable et toujours sur
pied avec la bayonnette au bout du fusil ; que le système
ne donne pas la sécurité absolue que je réclame pour la
garnison et pour la bourgeoisie ; que le mur intérieur de
l'Octroi ne présente ni la consistance ni les dispositions
défensives d'un réduit ; que fut-il à l'abri d'une surprise
et d'une attaque de vive force, l'ennemi qui aurait pénétré
entre la ligne des forts et le mur d'enceinte intérieure, ne
pourrait plus être délogé des villages qu'il aurait occupés ;
que les forts eux-mêmes peuvent être attaqués isolément
et qu'une fois pris, ils sont à l'abri de tout retour offensif
de la part de la garnison et qu'ils deviennent un point
d'appui solide pour les opérations ultérieures de l'assiégeant,
qu'en outre de ces raisons qui paraîtront sensibles pour
tout le monde et appréciables par les citoyens tout aussi
bien que par les militaires, c'est particulièrement parce que
le genre de défense auquel ce camp retranché doit donner
lieu n'est pas celui qui me semble convenir au but que
je veux atteindre, savoir : La destruction de l'armée de

siège et la défense générale du Royaume. Car dans l[e]
cas même où la garnison serait assez forte pour entrepren[dre]
vigoureusement sur l'armée de siège, au moyen des facil[ités]
que présentent les intervalles des forts détachés, pour opé[rer]
de grandes sorties soit contre des corps séparés de cette
armée soit sur la ligne de ses communications, il y aur[a]
toujours à craindre que l'Ennemi ne profitât de l'une de [ces]
sorties pour forcer quelques-uns des intervalles entre les
forts, pénétrer jusqu'au mur d'enceinte intérieur et peut ét[re]
enlever la place elle même??

Ainsi, la fortification que je réclame pour la ville
de Paris, c'est une enceinte continue qui embrasse toute[s]
les positions dominantes de son pourtour, afin d'éloigner
le plus possible, les emplacemens que l'ennemi pourrai[t]
choisir pour l'assiette de ses batteries incendiaires. Je doi[s]
à ses remparts et à ses parapets les dimensions ordinai[res]
en largeur et en épaisseur; mais j'insiste pour que la hau[teur]
du revètement, en bonne maçonnerie, n'ait pas moins d[e]
quarante pieds, afin que la place n'ait à redouter ni
surprise, ni escalade; attendu qu'à cette hauteur les
échelles sont ou trop faibles pour porter les hommes, s[i]
elles sont assez légères pour être manœuvrées, ou trop
pesantes pour être maniables, si elles sont assez forte[s]
pour porter une file de soldats.

Il est inutile d'observer que les troncées que présent[ent]

la rivière, tant en aval qu'en amont, seront soigneusement fermées, au moment du besoin, par des dispositions appropriées et bien défendues par les portions de l'enceinte qui viendront s'y appuyer.

———————

Paris, tel que je le représente et par le seul fait de ne pouvoir être entamé que par les procédés ordinaires des sièges, devient une place de guerre très supérieure en force à celle aux premières forteresses du Royaume, non par la multiplicité et l'habile combinaison d'ouvrages extérieurs jetés en avant de son enceinte pour forcer l'ennemi à les détailler avant que d'arriver au corps de place ; mais précisément par les motifs allégués pour prouver son incapacité à devenir une ville fortifiée ; je veux dire : l'immensité de son étendue et l'immensité de sa population.

Sa surface présente un cercle d'un si grand diamètre que les fronts bastionnés qui en couvrent la circonférence se développent en ligne droite presque continue, de telle sorte, que l'ennemi a de très grandes difficultés pour embrasser ceux qu'il a choisis pour fronts d'attaque ; qu'il ne peut donner à ses feux une direction convergente ; que ses batteries destinées à ricocher les faces des bastions attaqués sont elles-même exposées à être enfilées & ricochées par les faces des bastions voisins ; que les assiégés, sur un point donné, peuvent répondre aux assiégeans par un nombre égal de canons et qu'ainsi la supériorité ordinaire de l'attaque sur la défense disparait entièrement.

Il n'en serait pas ainsi à l'égard des forts détachés. — Nécessairement rétrécis dans toutes leurs dimensions et trop éloignés les uns des autres pour se protéger mutuellement par des feux de flancs, Chacun de ceux choisis pour point d'attaque serait enveloppé par une telle profusion, une telle supériorité de feux convergens que les siens seraient promptement éteints et qu'il serait incapable de soutenir un long siège. Sa conquête ouvrirait une trouée énorme qui ne tarderait pas à rendre l'ennemi maître de la place entière, si même elle n'était pas emportée par une attaque de vive force, brusquée à propos.

L'avantage de présenter à l'ennemi des fronts développés en ligne droite, et une position défensive parallèle à celle de ses attaques, ne peut appartenir qu'à une très grande place et, sous ce rapport, il n'est aucune ville dans le monde qui puisse être comparée à Paris.

Un second avantage qui résulte également de son immense étendue, c'est l'impuissance, pour l'assiégeant, d'atteindre avec des projectiles incendiaires le centre de la ville et les quartiers importans. Quelques bouts de faubourgs, seuls, y sont à peine exposés et l'occupation par le tracé de l'enceinte, des points dominans les plus favorables, rejette si loin l'emplacement des batteries ennemies qu'elles ne peuvent faire que peu de ravages; parceque tous les moyens de secours peuvent y être rassemblés d'avance.

Un troisième avantage qui ne se rencontre encore que dans les grandes villes et que Paris procure au centuple de toutes les places du Royaume; c'est celui de pouvoir disposer de ressources immenses en matériaux de toute espèce et en ouvriers de toutes les professions possibles. Rien n'arrête, rien n'embarrasse pour la défense et pour les sorties. Tous les dégâts sont réparés promptement. Toutes les constructions utiles, les barrières, les palissades, les estacades, les blindages, les réduits en charpente, les batteries couvertes, les block-hauss crénelés, les moyens de transport, tout se crée et s'exécute par enchantement.

Les militaires qui ont attaqué ou défendu des places, peuvent, seuls, apprécier l'importance d'un pareil avantage et l'influence qu'il exerce sur la défense.

C'est particulièrement l'immense développement de l'enceinte de Paris qui donne à sa défense une supériorité d'action qu'aucune autre ville, au monde, ne peut prétendre, au même degré. L'ennemi obligé de répartir ses troupes sur le pourtour de la place, afin de la bloquer de toutes parts et le plus hermétiquement possible, ne peut pas être en force sur tous les points. Il serait encore plus dégarni s'il était forcé de se diviser en armée de siège et en armée d'observation. L'assiégé reste donc maître de se porter sur tel point qu'il jugera à propos avec des forces toujours supérieures à celles de l'assiégeant. Il a sur lui le grand avantage d'agir par la ligne la plus courte ou par le rayon du cercle, tandisque l'ennemi ne peut se mouvoir que sur la circonférence. Les sorties ne sont plus de simples chicanes pour retarder ses progrès. Elles deviennent de véritables opérations de guerre dont les chances sont toutes en faveur de l'assiégé. L'ennemi sera culbuté, détruit, exposé à perdre son artillerie avant de pouvoir être secouru, et sans que la sortie puisse être compromise car elle a la place pour retraite assurée, soit par un mouvement rétrograde sur le point d'où elle est partie soit sur tout autre point de l'enceinte, selon le but qu'elle se sera proposé et l'étendue du terrain sur lequel elle aura voulu agir. Dans les deux cas, sa retraite sera favorisée par l'artillerie des remparts et, au besoin, par la position concertée de corps auxiliaires, échelonnés en arrière et destinés à faire une démonstration utile pour inquiéter ou pour contenir l'ennemi.

———

Sans épuiser toutes les considérations que je pourrais faire valoir à l'appui de celles que je viens de présenter, je crois en avoir dit assez pour prouver que l'étendue de l'enceinte de Paris loin de fournir une objection sérieuse contre le projet de sa fortification, au moins sous le rapport de l'art, lui prête, au contraire, une force de résistance incomparablement supérieure à celle des places de guerre ordinaires. C'est en combinant les élémens de cette résistance, pour ainsi dire inerte, avec les forces vives dont vient l'animer une population d'un million d'habitans, que Paris surgit au sein du Royaume comme le boulevard inexpugnable de la puissance et de l'indépendance nationale. Je dis inexpugnable, dans l'acception la plus rigoureuse du mot, et mon assertion sera bientôt une vérité incontestable pour tout homme de sens et de bonne foi.

Quelsque puissent être les forces de l'ennemi, et en les portant jusqu'à 300,000 hommes, je pense qu'une garnison de 25 à 30,000 hommes de troupes régulières, de toutes armes, suffit pour donner à la défense de Paris l'extension et l'ascendant dont elle est susceptible ; car sa réunion avec 40 ou 50 mille hommes d'une garde nationale bien organisée et animée de l'excellent esprit qu'elle a manifesté dans les deux invasions et dans toutes les circonstances où son concours est devenu utile pour la répression de la révolte et le rétablissement de l'ordre, porte immédiatement les forces actives de la place à 80,000 hommes, c'est-à-dire, à un corps d'armée nullement disproportionné avec les forces de l'assiégeant, suffisant pour le service habituel

et pour toutes les entreprises d'une défense vigoureuse &
souvent offensive. Les gardes nationales et la population
virile de la banlieue, réfugiées dans la place, viendront
ajouter à cette force, déjà si respectable, un corps de 20,000
hommes également dévoués et déterminés.

On conçoit que c'est particulièrement sur le Corps
régulier que je fais reposer toutes les opérations extérieures,
et ce corps sera facilement tenu au complet par la possibilité
de le recruter au fur et à mesure de ses pertes, avec des
militaires libérés et des hommes de bonne volonté qui se
trouvent par milliers dans la population de Paris.

La garde nationale occupe les remparts et les postes de
sureté; participe aux sorties, comme corps auxiliaire ; —
occupe les positions qui favorisent les opérations et
assurent les retraites. Bientôt, elle sera elle-même impatiente
d'agir plus efficacement, et l'ennemi aura réellement devant
lui, tantôt sur un point et tantôt sur un autre, une armée
de près de 100,000 hommes. Car le corps de place ne sera
jamais dépourvu ni de fusiliers ni même de canonniers.
Les suppléans seront toujours nombreux et empressés.
Il ne faudra que de bons chefs de pièces.

Je demande ce que deviendra l'ennemi en présence d'une
pareille armée, libre d'agir à son gré, maîtresse de profiter
de toutes les circonstances favorables que le tems et le hasard
doivent faire naître ; sans inquiétude sur sa sécurité, non

plus que sur l'issue de ses mouvemens ou des opérations qu'elle peut entreprendre, et devant une place dont il ne peut pas encore approcher, car il n'a pu parvenir sous ses murs que par un mouvement d'invasion rapide, et par conséquent il n'a avec lui ni pièces de position, ni artillerie de siège, ni mortiers, ni approvisionnement de munitions et de projectiles. Pense-t-on que l'armée restée sur les derrières ou sur les flancs de la ligne d'opération de l'ennemi, laissera tranquillement passer et arriver au quartier général des assiégeans les convois d'armes, de munitions et de vivres ?

S'il ne s'est rendu maître d'aucune place des frontières d'où tirera-t-il ses approvisionnemens ? comment échapera-t-il aux entreprises de ces places sur la ligne ou sur les lignes par lesquelles il aura opéré, c'est-à-dire, sur les routes au moyen desquelles il communique avec ses dépôts et ses magasins ? car je veux être compris de tout le monde. Ces routes traversent nécessairement la zone de places fortes qui couvre les frontières. Si donc ces places sont libres, — n'inquiéteront-elles pas ces communications par des attaques continuelles ? que deviendra donc l'armée qu'elles approvisionnent ?

On se prévaudrait en vain de ce qu'à fait Napoléon dans toutes ses guerres et de ce qu'ont fait, à son imitation, les puissances alliées dans leurs deux invasions. Il n'y a plus parité dans les positions respectives. Les places ont pu être masquées et tenues en respect par des Corps d'observation d'une force correspondante à celle de leurs garnisons, parce que l'armée défensive s'étais repliée devant l'armée envahissante et qu'une fois écrasée, tout tombait avec elle; mais ce n'est plus ici le cas : l'armée défensive, soit qu'elle ait été battue ou qu'elle ait manœuvré pour éviter une bataille, n'a pas été chassée par l'armée envahissante, devant elle, comme un troupeau. Elle n'avait pas besoin de se maintenir en travers de l'ennemi pour couvrir la Capitale qu'elle savait gardée et bien fortifiée. Elle s'est jetée sur les flancs de l'ennemi pour l'arrêter tout court, ou pour lui faire payer cher sa témérité. Il n'y a donc plus de corps d'observation qui puissent masquer les places, car ils seraient tous compromis. Donc les places seront libres; donc leurs garnisons pourront agir sur les communications de l'armée envahissante et intercepter ses convois.

Dans la supposition que les choses se fussent passées ainsi, y a-t-il un seul homme de guerre qui osât poursuivre sa pointe sur la Capitale, en laissant une armée derrière lui ? à moins qu'il n'eût des forces triples et qu'il pût détacher un corps au moins égal pour l'opposer à cette armée et paralyser son action. Encore, s'exposerait-il à faire détruire ce corps détaché, parce que l'armée défensive

s'aurait bien manœuvré de manière à l'attirer sur le terrain
qui lui serait favorable et jusques sur l'Échiquier des
places fortes qui, lui prêtant des points d'appui dans toutes
les directions, favoriseraient toutes ses entreprises et lui
fourniraient infailliblement l'occasion de battre vingt fois
de suite ce corps abandonné qui ne pourrait pas même
couvrir les communications de l'armée envahissante et
par conséquent les siennes ?

Dans quelle position se trouverait alors l'armée arrêtée
sous les murs de Paris ? sans artillerie de siége, sans
munitions et peut-être sans vivres, car ceux qu'elle pourrait
tirer du pays qu'elle occupe seraient promptement consommés
et si elle devait les faire venir de plus loin, ils ne seraient
point à l'abri des corps de partisans et de gardes nationales
organisés tout autour d'elle avec d'autant plus de rapidité
que sans inquiétude pour la Capitale et rassurées sur
l'issue définitive de l'entreprise imprudente de l'ennemi,
les provinces voudraient toutes concourir à sa destruction ?

———

Rentrons au sein de Paris assiégé et poursuivons
l'examen comparatif des moyens de l'attaque et de la défense.
Admettons que l'armée ennemie sera parvenue sous les
murs de la Capitale fortifiée, après une bataille gagnée
sur les frontières et que sans avoir rien à redouter sur ses

flancs ni sur ses derrières, elle pourra, tranquillement, — faire venir son artillerie de siège et ses munitions : concession qui serait ridicule si elle n'était pas fictivement nécessaire pour mettre aux prises l'assiégeant et l'assiégé. — Combien de tems lui aura t-il fallu pour faire arriver son équipage de siège ? combien en aura t-il mis à creuser, élever, perfectionner et armer une ligne de contrevallation de 12 ou 15 lieues de développement, s'il a jugé nécessaire de l'établir pour mieux isoler la place et pour se prémunir contre les sorties et les entreprises redoutables d'une armée de 100,000 hommes mais je passe outre et je fais bon marché des difficultés. — Le voilà en mesure de commencer ses opérations : Croit-on que ses travaux se poursuivront sans trouble, qu'ils ne seront pas souvent bouleversés et ses tranchées rasées, comblées ? Quand il faudra élever ses batteries sous le feu des canons de la place, pense t-on que leur établissement sera chose si facile lorsque des sorties latérales de 15 à 20 mille hommes, après avoir culbuté les troupes qu'elles auront devant elles, viendront tomber sur le flanc des travaux de siège, pendant qu'ils seront attaqués directement ? plus ces travaux avanceront, plus les difficultés augmenteront : car l'artillerie des assiégeans n'aura pu acquérir de supériorité sur celle de la place, ni par le nombre, ni par la direction, puisque l'attaque et la défense se poursuivent sur deux lignes parallèles et se contrebattent avec un avantage égal.

Il y aura seulement cette différence que les pièces endommagées
et démontées se remplaceront avec facilité et promptitude
sur les remparts et qu'il n'en sera pas de même dans les
batteries de l'assiégeant.

La marche de l'ennemi ne sera t-elle pas, souvent, retardée
et suspendue par les entreprises de la garnison sur les
points éloignés des fronts d'attaque, tantôt sur une rive et
tantôt sur l'autre ? non par des sorties de quelques bataillons,
mais par de véritables invasions de 20 à 30,000 hommes —
Que de prisonniers l'assiégé aura à faire travailler partout
où il aura de la terre à remuer, des pierres à conduire, des
bois à porter ! que de canons enlevés seront étalés sur les
places publiques, comme trophées glorieux, du courage de
la garnison !

Enfin, l'ennemi couronne les glacis et ses batteries ont
fait brèche praticable sur les faces et aux saillans de
deux ou trois bastions contigus. C'est vainement qu'il
tenterait de les aborder sans mettre ses colonnes à couvert
par une profonde tranchée ou double caponnière, car les
feux de flancs n'auront point été éteints ; ni par les
batteries à ricochet, qui ont peu d'action sur les flancs
des bastions, à raison de leur peu de longueur et de la
facilité d'abriter les pièces ; ni par les contre-batteries
qui ne peuvent s'établir aisément sous l'enfilade des
bastions et des courtines non attaqués : car il ne faut

pas perdre de vue que l'immense circonférence de la place a permis de tracer les fronts qui la couvrent en ligne sensiblement droite.

Mais, je veux que l'ennemi parvienne à donner l'assaut, malgré l'effroyable massacre des feux non éteints ; malgré les vigoureuses sorties de la garnison, qui seront parties des fronts voisins et qui tomberont par les fossés, sur les flancs de ses colonnes d'attaque ; —malgré l'irruption soudaine d'un corps de 20 à 25 mille hommes qui, profitant de la nécessité, pour l'assiégeant, d'accumuler tous ses moyens de force et de réunir ses meilleures troupes, afin d'assurer le succès de son assaut, partiront d'un point éloigné des attaques pour se jeter sur les derrières des positions de l'ennemi et porteront le désordre et la confusion dans l'armée entière.— Quelle ne sera pas sa surprise, quel ne sera pas son découragement, quand il verra d'autres remparts élevés derrière ceux qu'il a conquis et par lesquels il croyait entrer dans la place ! — non point de ces retranchemens ordinaires qu'une garnison se ménage pour capituler avec honneur, après avoir soutenu vaillamment, plusieurs assauts au corps de place ; mais des remparts solides, revêtus en bonne maçonnerie, précédés d'un bon fossé et bien défendus par des feux de flanc : — remparts qu'il faudra attaquer comme les premiers , — ouvrir par de nouvelles brèches, et assaillir après un passage de fossé, et cela, pour en trouver un troisième, s'il n'avait pas péri à la peine.

Mes suppositions ne sont ni déraisonnables ni exagérées. Les considérer comme telles serait méconnaître les ressources immenses que présente une population d'un million dans une place de 10 lieues de circuit. Ce que je décris, c'est ce que la garnison d'une place ordinaire est tenue de faire par devoir. C'est ce qui a sauvé Metz assiégée par Charles-quint. Et quelle comparaison établir entre Metz et Paris ?

C'est encore une de ces circonstances où éclate toute la supériorité de l'enceinte continue sur les forts détachés ; car, en supposant qu'ils aient été retranchés à la gorge, le réduit sera probablement évacué en même tems que l'ouvrage principal, parceque l'ennemi, en donnant l'assaut, tentera de pénétrer, en même tems, par les deux trouées latérales et que la garnison du fort craindra d'être tournée et coupée. Cette manœuvre de l'assiégeant a d'autant plus de chances de succès qu'il ne manquera pas de faire diversion sur les points éloignés, en menaçant de forcer quelques-uns des autres intervalles ; il serait même possible que toutes ses entreprises réussissent à la fois. — Dans l'enceinte continue, aucune inquiétude pour les diversions. C'est, au contraire, la place qui les opère à son gré et qui en choisit les points les plus convenables.

Tandis que les retranchemens élevés en arrière des brèches ouvertes auront pu recevoir les dispositions de tracé les plus favorables à leur défense, et que dans les deux bastions contigus aux fronts attaqués, il aura été facile d'élever des cavaliers qui domineront les établissemens de l'ennemi et les rendront intenables par des feux plongeans, par des feux de flanc et par des feux de revers, si l'assiégeant pouvait pousser ses travaux jusqu'à déboucher dans les fossés, pour assaillir les retranchemens.

Qu'à cette occasion il me soit permis de faire une dernière observation relativement aux opinions contradictoires qui se sont manifestées dans la discussion comparative des avantages et des inconvéniens attribués à l'enceinte continue et aux forts détachés. Il faut, franchement, appeler les choses par leur nom. Le système des forts détachés ne constitue point une place. Ce n'est qu'une espèce de <u>ligne</u> circulaire adossée à un simple réduit de sureté et qui ne remplit pas même les conditions d'un bon camp retranché. — 1.° Parcequ'elle n'est point appuyée à une place solide par elle-même ; — 2.° Parcequ'elle embrasse une immense étendue qui présente, sur tout son pourtour, les mêmes moyens de défense et que, par conséquent, l'ennemi reste maître de choisir ses fronts d'attaque avec des chances égales de succès, sur tous les points indistinctement ; — 3.° Parcequ'elle impose à l'assiégé l'obligation de surveiller et de protéger chacun de ces points avec la même attention et de conserver partout des moyens de résistance suffisans, afin d'éviter une surprise. — 4.º Parceque cet état de choses ne permet pas de disposer d'une force assez considérable pour agir offensivement contre l'ennemi sans dégarnir une partie de cette ligne et sans en compromettre la sureté. — 5.º Parceque, dans une telle situation, l'armée qui occupe cette ligne est condamnée à un rôle passif qui ne doit avoir d'influence sur la défense générale du Royaume, que par le seul avantage de tenir en échec la portion des forces ennemies qu'elle peut avoir devant elle, mais sans pouvoir concourir efficacement à sa destruction. — Sous tous ces points de vue, le système des forts détachés est plutôt un embarras qu'une véritable protection. — Un camp retranché destiné à recueillir une armée, soit pour la soustraire aux entreprises d'un ennemi victorieux et supérieur en force, soit pour lui ménager une forte position qui commande les différentes lignes d'opérations de l'ennemi et facilite les moyens d'agir sur ses flancs et sur ses derrières, est ordinairement disposé de telle sorte que la plus grande partie de son tracé est à l'abri de toute attaque par l'effet d'obstacles naturels ou par la saillie que prennent, sur ses longs côtés, les ouvrages de la place à laquelle il est appuyé. Alors, les points accessibles étant très limités, il devient facile d'y accumuler les moyens de résistance et de les rendre fort respectables.

Un tel camp retranché me parait supérieur à celui que présente le système des forts détachés. Il n'y a pas d'incertitude sur les points d'attaque. L'armée qui l'occupe en reçoit une plus grande sécurité et conserve une plus grande liberté d'action. Elle a, pour agir à l'extérieur, en outre des sorties du camp, toutes celles de la place avec laquelle il fait corps. Elle peut se dérober aux observations de l'ennemi ; lui faire prendre le change et donner à ses mouvemens les directions les plus convenables à ses desseins. Mais que serait même un pareil camp retranché, avec toute sa supériorité sur le système des forts détachés, comparé à l'immense place de Paris qui donne à l'assiégé sur l'assiégeant tous les avantages que ce dernier prendrait, lui-même, contre les forts détachés.

J'ai traité la question de la défense de la Capitale avec la confiance que m'a donnée ma propre expérience. Chargé, depuis 1811, des immenses travaux de la fortification de Dantzick et par suite, en 1812, de la direction de sa défense en cas de siège, par mission expresse de l'Empereur avec cette clause remarquable que ni Roi, ni Prince, ni Maréchal, ne pouvait, sous aucun prétexte, me déplacer ni me donner un supérieur de mon arme, j'ai eu l'occasion d'apprécier tout ce que le courage et l'intelligence peuvent opposer d'obstacles imprévus aux attaques d'un assiégeant, tel impatient, tel audacieux qu'il puisse être. — Nous avons forcé l'ennemi à déployer devant un ouvrage de campagne élevé en sa présence, en tête du village de Hora, l'appareil d'une attaque régulière pendant plus de cinquante jours. — Dantzick a soutenu un siège d'une année entière et la place avait encore une année de résistance devant elle si la garnison avait eu du pain. Le dernier morceau avait été consommé le jour où l'ennemi prit possession de la ville. Que n'aurions nous pas entrepris et exécuté avec une population qui aurait eu le même intérêt que la garnison? et qu'est encore Dantzick comparé à Paris?

Pour faire arriver l'ennemi jusque sur les remparts de la place j'ai été obligé de faire les concessions les plus absurdes; de le faire tomber, pour ainsi dire, des nues; de condamner nos armées du dehors au rôle ridicule de spectateurs désintéressés; nos places à l'impuissance; nos provinces et leurs gardes nationales, à l'indifférence et au repos. Je lui ai laissé entreprendre et terminer des travaux impossibles devant une armée de 100,000 hommes; élever des batteries que la seule artillerie des remparts aurait dû foudroyer; car elle est sur chaque point aussi forte que celle de l'ennemi et elle est en pleine activité avant que la sienne soit seulement montée et en place; enfin, je l'ai conduit complaisamment jusque dans l'intérieur des bastions d'attaque où la force des choses et la nécessité l'ont condamné à périr.

Dans quel état se serait trouvée son armée, seulement

au bout de six semaines ou deux mois de siége ? accablée
de fatigues, de privations, comment aurait-elle suffi aux
travaux de siége, à la défense de ses positions et à celle
de ses tranchées ? comment aurait-elle pourvu aux besoins
journaliers de son existence matérielle ? encombrée de ses
malades, de ses blessés, elle aurait décliné rapidement et
se serait fondue pendant que la garnison, ne manquant de
rien et n'ayant que l'embarras du choix pour réparer ses
pertes, aurait, chaque jour, acquis une supériorité sur elle
et fini par l'écraser, si elle ne s'était hâtée d'abandonner
une entreprise aussi téméraire, en sacrifiant, probablement,
son artillerie de siége et partie de ses bagages.

———————

J'ai eu raison de proclamer Paris fortifié une place
inexpugnable ; car je n'ai déployé pour sa défense qu'une
partie des moyens que présente l'immensité de sa populat-
et de ses ressources. Ne pouvais-je pas, ou plutôt ne deva-
je pas, pendant le cours du siége même, organiser en armée
régulière ces centaines de milliers d'ouvriers sans travail et
sans moyens d'existence, ainsi que la portion valide de la
population nécessiteuse de cette grande Capitale ? Cent
cinquante mille hommes se seraient successivement formé-
et aguerris. Les Généraux, les Officiers, les Sous-Officiers,
tous éprouvés par d'anciens services se seraient présentés

en foule et chacun, suivant son aptitude et sa capacité, _
aurait trouvé à s'encadrer utilement, pour lui et pour l'État.

C'est alors que Paris prend un autre aspect ! c'est alors
que l'ennemi est perdu sans ressources et que pas un de ses
cavaliers ne doit repasser le Rhin ou la Meuse, pour
aller porter la nouvelle du désastre ! Paris n'est plus
seulement l'arx sacra qui a servi d'asile aux pénates
de la patrie. C'est la fournaise d'un volcan qui deverse
les torrents de sa lave brûlante sur ces Teutons, ces Goths,
ces Vandales, que la haine et l'espoir du pillage ont
rameutés contre l'antique Gaule !!....

À ceux qui craindraient que cet armement des masses
put compromettre le pouvoir, l'ordre et la sécurité publique,
je répondrai que ces masses existent, heureusement, et
que le meilleur moyen de les faire concourir, avec toute confiance,
à la défense commune, c'est de les organiser en corps
réguliers. Là, le besoin de la discipline est senti et apprécié
jusque par le dernier soldat, là, s'ouvre une nouvelle
école d'obéissance à l'autorité légale. C'est dans un tel
moment, la seule organisation qui assure, à la fois, l'ordre
public et le salut de la patrie.

Avec de pareils moyens de puissance, moyens réels &
que vous avez toujours sous la main, croyez vous que
Paris fortifié ne soit pas, en effet, une place imprenable
et que sous sa protection la France puisse jamais

être envahie et conquise solidement ? (1)

---

(1) Thémistocle, aussi grand homme d'État que grand capitaine, persuada aux Athéniens, après la victoire de Salamine, de fortifier le triple port du Pyrée et de rétablir les murs d'Athènes brûlé par l'armée des Perses.

Les Lacédémoniens jaloux de la gloire des Athéniens qu'ils voulaient tenir sous leur dépendance, envoyèrent des députés à Athènes sous de futiles prétextes. On cessa les travaux en leur présence et on leur dit qu'on députerait à Lacédémone pour cet objet.

Thémistocle se chargea de cette mission au péril de sa vie. Il partit seul en prescrivant aux autres députés, ses collègues, de venir le rejoindre lorsque les murs seraient à une hauteur suffisante, et il ordonna aux hommes libres, comme aux esclaves, d'y travailler, sans épargner aucun lieu, sacré ou profane, public ou particulier et qu'on amassât, de toutes parts, tous les matériaux jugés utiles à cette fortification.

Lorsque les autres députés furent arrivés à Sparte et qu'il eut appris d'eux que les travaux étaient assez avancés, il se rendit avec ses collègues chez les Éphores, Magistrats Supérieurs de la République, et leur dit qu'on leur avait fait un faux rapport et qu'il était juste d'envoyer des Députés pour s'assurer de la vérité. Cette proposition fut accueillie et trois citoyens des plus éminents furent députés à Athènes. Thémistocle fit partir avec eux ses collègues en leur recommandant de ne relâcher les envoyés de Sparte que lorsqu'il aurait été renvoyé lui-même en toute sûreté à Athènes.

Aussitôt

Je retourne l'argument et je déclare, avec une conviction malheureusement trop fondée, que sans la fortification permanente de Paris, la France ne peut jamais être défendue contre une coalition générale de l'Europe. Je suis tellement frappé du danger toujours imminent que laisse planer sur notre tête une coupable incurie, que je m'étonne que le Roi puisse dormir tranquille dans son palais ; car les ressources de la sagesse s'épuisent aussi ; car les déférences les plus attentives ne désarment jamais l'ennemi. C'est donc aux ministres, aux chambres, à garantir le trône constitutionnel. C'est un dépôt sacré confié à leur vigilance et à leur courage !....

Aussitôt que Thémistocle jugea que les députés étaient arrivés à leur destination, il se présenta aux magistrats et au sénat et leur déclara « que les Athéniens en fortifiant leur ville par des murs avaient fait « ce à quoi les autorisait le droit commun des nations en entourant de « murs les Dieux publics de la Grèce, ceux de leur patrie et de leurs « foyers, pour les défendre contre l'ennemi ; que les Lacédémoniens, en s'y « opposant, agissaient mal et avec injustice en sacrifiant les intérêts de « toute la Grèce à leur esprit de domination » : Il termina par leur déclarer qu'ils ne reverraient jamais leurs députés s'ils ne le renvoyaient libre et en sûreté à Athènes.

(Cornélius Népos)

C'est à cette sage mesure qu'Athènes dut son indépendance et sa prospérité sous la longue administration de Périclès qui donna son nom à son siècle, apogée de la gloire et de la puissance Athénienne.

Depuis les désastres de 1814 et de 1815, et plus particulièrement depuis la révolution de Juillet, aucune question d'une plus haute importance que celle de la fortification de Paris n'a été agitée dans les conseils de la couronne et dans les chambres. Celles qui ont été suscitées par les événemens de la Belgique, de l'Espagne et de la Pologne, sont tellement secondaires, qu'elles n'acquièrent de poids et d'intérêt que par la solution de la première. Si la capitale reste ouverte, ce ne seront pas les secours des Belges et des Espagnols ou les vœux des Polonais qui sauveront la France d'une invasion Européenne, car ils seront impuissans !.... Si Paris est fortifié, c'est alors seulement que notre appui servira utilement nos amis et, qu'au besoin, notre courage peut affronter avec confiance les efforts réunis de tous les ennemis de la France ; car nous serons invincibles, indomptables, sous la protection de cette immense forteresse centrale qui tient en réserve pour tous les besoins, pour tous les périls, les ressources infinies de sa puissance et les armées innombrables de son inépuisable population.

La fortification de Paris ne saurait être une question de controverse entre les partis : elle reste étrangère à leurs débats comme à leurs intérêts personnels ; car tous veulent le salut de la France ; c'est le seul point, peut-être, sur lequel il est permis d'espérer unanimité d'opinions et de vœux. Comment se fait-il donc qu'une proposition qui avait pour but la défense et l'indépendance du pays, la sécurité de tous, la vie, l'existence de la nation elle-même, n'ait pas été accueillie d'une acclamation de reconnaissance? j'aurais, contre mon opinion, voté pour les forts détachés, parce qu'il importait, avant tout, de fortifier Paris; et qu'il était impossible que ces forts isolés ne fussent pas un jour rattachés les uns aux autres par une enceinte intermédiaire continue, quoique la défense y eut infiniment perdu. C'est un très grand malheur, une véritable calamité publique que Paris n'ait pas été fortifié immédiatement. Heureusement que ce moyen de salut, ce moyen de force et de puissance, est à notre disposition et que nous ne sommes point assez égarés, par l'esprit de parti et par les rivalités de système, pour sacrifier au triomphe d'une opinion la sécurité du présent et les espérances de l'avenir.

Toutes les manœuvres stratégiques, tous les plans d'opérations défensives combinées, soit avec les places fortes, soit avec les positions centrales ou latérales qui présentent le plus d'avantage et d'action contre les deux flancs des lignes d'invasion présumées; qui facilitent une correspondance plus immédiate avec les mouvemens et les opérations des autres centres de défense, dans le but d'arrêter l'ennemi, de le surprendre, et de couvrir les places les plus importantes du Royaume, telles que Lyon et Paris, ne sont que des hypothèses possibles, mais qui manquent des seules bases solides qui puissent assurer leur éfficacité : je veux dire la fortification de Paris et celle de Lyon. Tout est praticable, tout est bon, avec ces deux villes fortifiées. Rien n'est assuré dans ces deux points d'appui et de sécurité.

L'occasion me permet d'énoncer ici une opinion que je crois juste : c'est que les forts construits à Lyon ne rempliront complétement leur objet, quant à la défense du Royaume, que lorsqu'ils seront liés par une enceinte intermédiaire. Des forts isolés et indépendans manquent de cette direction unique qui fait concourir chacune des parties du système au but final de l'ensemble. Il y a danger sérieux à ce que l'ennemi s'empare d'un seul des forts, car il serait tout aussi maître de la ville que la troupe qui occupe tous les autres.

Je ne suis entré dans la discussion d'aucun des nombreux projets qui ont été présentés pour la fortification de Paris, parce qu'ils n'ont point réalisé à mes yeux les deux seules conditions qui permettent d'exploiter utilement, pour le salut du royaume, les ressources infinies de la capitale et l'immense puissance d'une population d'un million d'habitans : je veux dire une sécurité absolue pour la garnison et la population, et la nécessité pour l'ennemi dépasser par les lenteurs et les difficultés d'un siège régulier. C'est cette nécessité qui favorise le développement de tous les moyens de résistance, tant à l'intérieur qu'à l'extérieur de la place ; qui donne aux armées du dehors le tems de réparer leurs pertes si elles en avaient éprouvé ; de reprendre et de concerter leurs opérations ; de réunir et d'organiser toutes les gardes nationales mobiles du royaume ; de jeter des corps de 15 à 20 mille hommes dans les grandes places des frontières laissées sur les derrières de l'ennemi, telles que Besançon, Strasbourg, Metz, Lille ; et de préparer ainsi les moyens d'une destruction certaine et complète pour toutes les armées qui, dans la folle présomption de maîtriser encore une fois la France entière par l'occupation de ses deux Capitales, se seraient imprudemment avanturées jusqu'au cœur du Royaume pour y périr jusqu'au dernier des leurs.

Les camps retranchés les plus solides, les lignes les mieux établies, les inondations et toutes les manœuvres d'eaux, telles bien appuyées qu'elles soient, n'équivalent, en aucune manière, à la fortification permanente et continue de la ville de Paris, tant pour sa défense propre que pour celle du Royaume.

C'est une idée fausse que celle de créer une grande place centrale, toute militaire, pour échapper aux inconvéniens d'une population nombreuse et aux difficultés de pourvoir

à sa subsistance pendant un long siége : car une place de
guerre, à moins qu'elle ne soit destinée à occuper un col, un
défilé, un nœud de routes, ou à favoriser un passage de
rivière &c^a n'acquiert d'importance réelle, même sous le
point de vue de la défense, que par les ressources que
procure une population riche et nombreuse. — Une place
toute militaire jetée en arrière de Paris pour y recueillir
les débris d'une armée battue et les grands pouvoirs de
l'État, est une folie ; car c'est dans Paris qu'est la
France toute entière. — Le projet d'établir une grande pla[ce]
centrale sur l'Aisne, ou, entre l'Oise et l'Aisne a pour
but de défendre la capitale et de prêter appui à l'armée
qui devra la couvrir. Ce but ne serait pas rempli sûremen[t]
car malgré la place et l'armée qui manœuvre autour d'el[le]
Paris peut être surpris, et sa chute entraîne celle de
l'Empire. Paris ne peut donc être solidement assuré qu[e]
par sa propre enceinte, et c'est alors qu'il devient le
Palladium du Royaume.

Ce n'est pas seulement sous le point de vue militair[e]
que la fortification de Paris acquiert une immense
importance, c'est aussi sous les rapports de politique
et de gouvernement. Par le seul fait que la France
est devenue inattaquable, elle est affranchie de toute

influence extérieure. Elle n'a plus pour guide et pour
motif de sa conduite avec toutes les puissances du monde,
que son équité et ses légitimes intérêts. C'est alors que sa
voix devient sonore et puissante dans les conseils des Rois!
c'est alors qu'elle commande, pour elle, le respect qu'elle
s'impose à l'égard des autres! c'est alors aussi que toutes
les espérances entretenues par la malveillance, que tous
les projets suscités par la haine se dissipent comme des
chimères!.... On met trop de prix à l'amitié d'un voisin
puissant pour s'exposer à la perdre, ou seulement à la
compromettre. Et, en effet, quels moyens terribles de
réprésailles ne donnent pas à la France la sécurité qu'elle
obtient par la fortification de Paris, et la facilité qu'elle
acquiert de faire surgir spontanément de cette immense
fabrique de soldats tout armés des masses formidables
qui dispensent ses armées régulières de limiter leurs
opérations à la défense intérieure du pays et qui livrent
à leur invasion les peuples et les territoires ennemis.

Ces avantages inappréciables ne sont atténués par
aucune crainte de réciprocité. — Paris est la seule
ville du monde qui, à titre de Capitale, puisse devenir
un boulevard inexpugnable. Pour nous, elle est la
garantie certaine de notre indépendance territoriale et
politique, de notre nationalité et de notre longévité
comme corps social, comme peuple, comme puissance

indestructible, si, dans ce monde, il est donné à quelque chose d'échapper à la toute puissance du tems.

Dans la répartition actuelle de l'Europe, l'Angleterre et la Russie; la première, par la mer et par ses vaisseau la seconde, par ses glaces et par son immense étendue de la Vistule à la Perse, du pôle nord à la Chine, sont les seule puissances qui jouissent, pour leur indépendance nationale d'une véritable et complète sécurité. — Ces avantages, la France les obtient tous par la fortification de Paris. — L'Autriche et la Prusse ne sont, comparativement, que des puissances secondaires, instrumens ou victimes, au gré de leurs voisins. Que chacun pense à soi..... La France seule m'occupe !

Vienne et Berlin peuvent être fortifiées et, certes, la défense des deux États recevra de cette disposition des moyens de salut qui n'existent point aujourd'hui, mais rien de comparable entre ces deux villes et Paris pour l'importance intrinsèque, pour l'influence extérieure et pour les ressources de la défense.

Il est cependant une autre Capitale à laquelle j'attribu aussi une grande puissance défensive: c'est Constantinople L'armée Russe était perdue, en 1829, si cette capitale eut été fortifiée. Le Sultan étourdi et trompé n'eut pas été amené à signer une paix désastreuse.

Constantinople est, après Paris, la ville qui me

semble réunir les meilleures conditions pour concourir le plus efficacement à la défense de l'Empire. En effet, les Dardanelles et le Bosphore fermés, cette capitale a, derrière elle, les populations et les ressources de l'Asie, tandisque l'ennemi n'a que des pays dévastés pour vivre; des plaines sans chaussées et le plus souvent impraticables pour communiquer avec des dépôts; et l'armée défensive qui occupe la position de Schoumla, sur ses flancs ou sur ses derrières, si elle ose avancer.

Cette observation jetée accidentellement au milieu d'une discussion à laquelle elle n'appartient que par analogie de destination, mérite, peut-être, d'être recueillie et méditée!

S'il reste prouvé pour tout esprit juste et impartial que Paris fortifié soit réellement imprenable; qu'il expose à une destruction complète l'ennemi qui serait assez téméraire pour en entreprendre le siège; et qu'il affranchisse, pour jamais, la France de toute invasion; il est naturel d'en conclure que nous ne verrions plus de ces coalitions monstrueuses qui seraient désormais sans objet; et qui n'auraient d'autre résultat que de nous forcer à sortir des limites dans lesquelles notre modération et une sage économie auraient renfermé le cadre de la force armée nécessaire à notre protection, pour donner à notre puissance une extension et une énergie qui pourraient, encore une fois, devenir funestes aux agresseurs.

Descendons des hautes considérations d'État pour repousser quelques objections d'un ordre tellement inférieur qu'il paraîtrait puérile d'y répondre, si elles n'étaient pas de celles qui frappent davantage parcequ'elles nous touchent personnellement? On paraît très préoccupé de l'atteinte qu'une enceinte continue peut porter à la liberté de chacun pour tous les mouvemens de l'intérieur à l'extérieur et réciproquement, ainsi que de l'asservissent incommode à des heures fixes, pour l'ouverture et la clôture des portes... Vaines terreurs! Paris ne sera place de guerre, c'est-à-dire ne sera assujetti à la police et au régime militaire, que lorsque l'ennemi aura franchi les frontières et seulement encore, dans le cas où il serait prochainement menacé;..... Dans tout autre tems, point de portes, point de fossés, point de ponts-levis. Si ses habitans ne voyaient pas les contours de l'enceinte se dessiner dans la campagne par les belles plantations d'ormeaux qui décoreront ses remparts, ils ne se douteraient pas qu'ils soient, en effet, dans une place de guerre. — Tous les fossés correspondans aux diverses sorties après avoir été creusés de toute leur profondeur et bien revêtus en maçonnerie, seront comblés de terre, de manière à s'araser au niveau des chaussées. Ils ne seront déblayés qu'au moment du besoin: et c'est alors seulement, que se poseront les portes, les herses, les ponts-levis, les barrières nécessaires. Tout sera préparé d'avance, tout sera tenu en magasin : Paris ne présentera d'autre changement que le relief de son enceinte nouvelle portée à 5 ou 600 toises de l'ancienne et les belles promenades de ses remparts. La ville acquiert la limite la plus étendue qu'elle puisse jamais atteindre : L'Octroi s'enrichit d'un accroissement de consommations qui ajoutent plusieurs millions à ses revenus. Plus de fraude, plus de contrebande, rien ne peut échapper à la surveillance de ses préposés. — Paris s'enrichit de tous les établissemens qu'exige sa nouvelle destination, il devient, en même tems, la première place de guerre et la première capitale de l'Europe, comme la France en devient elle-même le Royaume le plus solide et le plus invulnérable.

Une objection d'une autre nature et qui effraye au premier coup d'œil, c'est celle des approvisionnemens : elle sera appréciée à sa juste valeur par quelques observations dont la justesse frappera tous les esprits et dissipera toutes les alarmes. — Cette question a été traitée par Vauban, sur l'évaluation d'une population de 7 à 800,000 âmes, pendant une année. Ces données satisfaisant à tous les besoins pour une population de 1,500,000 hommes pendant six mois, je dois les admettre comme complétement suffisantes; Car le terme de six mois est plus qu'il ne faut pour affamer et ruiner de fond en comble l'armée ennemie, si elle ne devait pas être détruite par les efforts réunis des assiégés et des armées du dehors. Mais l'approvisionnement dût-il être complété pour l'année entière, je dis que la tâche n'est point au dessus des forces et de l'habileté de l'administration. Paris a tant de moyens de communications; il est entouré de provinces si riches en produits de toute espèce et particulièrement en grains; ses entrepôts sont, en tout tems, approvisionnés en vins et eaux-de-vie; les salaisons, les légumes secs peuvent être réunis en grande quantité et promptement. Les fourrages ordinairement suffisans pour les chevaux des particuliers, de la cavalerie, de l'artillerie et des équipages militaires, peuvent être proportionnés à l'augmentation de consommation sans de grandes difficultés; enfin, les médicamens de toute espèce sont en profusion dans les hôpitaux, dans les magasins et dans les nombreuses pharmacies de la Capitale, où peuvent y être rassemblés avec facilité et promptitude. Il n'y a donc aucune impossibilité à pourvoir, même pendant une année, aux besoins variés d'une population d'un million d'habitans.

On sait qu'en tout tems et en pleine paix deux mois d'approvisionnemens sont toujours assurés à Paris sans qu'il en coûte rien à l'administration. On conçoit, dès lors, qu'il y aurait à faire peu de sacrifices en intérêts des sommes avancées par les corporations des boulangers et des bouchers, pour assurer ces approvisionnemens pendant un terme beaucoup plus long.

On aurait pu se dispenser d'entrer dans ces détails; — car une place d'un développement de 10 à 12 lieues d'enceinte, avec une population d'un million, une garnison de 100 mille hommes et une armée subsidiaire de 150 mille, au besoin, placée à soixante lieues des frontières les plus rapprochées qui sont, elles-mêmes, couvertes d'une triple ligne de places fortes; assise sur deux rivières qui donnent tant de facilité pour manœuvrer sur leurs rives; ne saurait jamais être bloquée solidement.

Le matériel de l'artillerie, les approvisionnemens en projectiles, les munitions, les dépôts d'armes, les magasins d'habillement et d'équipement, calculés sur les forces qui ont été mises en jeu pour la défense de la place et les opérations extérieures sont supposés compris, quant aux capitaux qui doivent solder leur achat ou leur confection dans l'ensemble des dépenses nécessaires à l'exécution du plan général de la fortification de Paris.

Je n'entre pas dans la supputation des sommes qu'il faudra consacrer à l'érection de l'enceinte de la Capitale, non plus qu'à la création de tous les établissemens qui en sont l'annexe indispensable ; car je ne discute point un devis estimatif ; je traite ici une question d'État. Telles considérables que puissent être ces sommes, il y aura toujours l'infini entre leur valeur et celle du résultat obtenu par leur emploi.

Versailles a coûté plus de quatre cents millions qui représentent, aujourd'hui un milliard ; et ce n'est qu'un château inutile et des jardins. Le vingtième de la somme (50 millions) entourerait Paris d'une enceinte inexpugnable : et Paris, c'est la France toute entière, c'est le gouvernement constitutionnel, c'est la dynastie de Juillet.

Avec Paris fortifié, tout devient éternel. Si Paris reste ouvert, tout peut avoir péri dans quelques années, jusques à la race des Rois de notre choix. — Dans ces tems de funeste audace et de fanatisme frénétique, où le sort de l'État est tombé à la discrétion de quelques assassins, où les factions, les partis politiques et ceux qui les encouragent, ont peut-être placé leurs espérances dans le succès d'un crime, nous livrons au hasard des événemens les têtes précieuses sur lesquelles reposent les destinées de la patrie. Qui peut répondre que l'étranger, sous le prétexte de venger un attentat, ne vienne pas, au premier moment de trouble et de confusion, faire irruption au sein de la France, accompagné d'un autre prétendant dont il exploiterait, pour son compte, les droits qu'il consentirait à lui reconnaître et à appuyer de ses armes ? Que Paris soit fortifié et il n'osera pas même franchir nos frontières, parce qu'il ne serait pas assuré de les repasser et qu'il expose les siennes à être envahies à leur tour, pour replacer les nôtres sur le sol qui leur appartenait …… Étrange aveuglement ! notre propre existence est en danger, et nous négligeons les moyens de conservation et de salut qui sont à notre disposition pour donner tous nos soins à des intérêts, précieux sans doute, mais qui, en réalité, n'ont d'importance qu'autant qu'il y a pour nous garantie de longévité. — Ces routes, ces ponts, ces canaux, ces chemins de fer auxquels nous prodiguons les ressources de notre puissance et de notre crédit, comme élémens de prospérité future, sont pour moi le sujet de tristes méditations et d'affligeantes pensées ; car nous ne sommes point certains de recueillir les fruits de tant de sacrifices. C'est donc le salut de la patrie qui appelle, avant tout, notre sollicitude et notre dévouement. C'est lui qu'il faut assurer, non pas pour aujourd'hui, non pas pour demain, mais pour toujours et par le moyen le plus efficace. Ce moyen, je le signale avec toute l'autorité que lui donne le jugement de Vauban, patriote par excellence, à qui rien d'utile au pays n'a échappé ; et celui de Napoléon dont le grand nom rappelle toutes les gloires de la France et dont la chûte épouvantable doit, au moins, nous servir de leçon. Ce moyen, c'est la fortification de la capitale du Royaume.— Paris, place de guerre, donne à l'Empire Français une stabilité éternelle; il est la seule garantie réelle de l'intégrité du territoire, de l'indépendance nationale, de nos libertés et de la perpétuité de la Dynastie de Juillet.

Pendant que ce mémoire était livré à la lithographie, la discussion de l'adresse a donné lieu à des débats très remarquables sur la question d'intervention en Espagne. Parmi les argumens qui ont été présentés par le gouvernement, il en est un qui a dû frapper profondément les deux Chambres et la France entière, c'est celui de M. le Président du Conseil en réponse à l'honorable M. Thiers. « Si vous allez en Espagne, disait-il, où « seront-vos derrières ? ne sera-ce pas sur le Rhin ? et de ce côté, ce ne « sont pas seulement quelques brandons de guerre civile qu'on peut « jeter sur notre territoire ! »

Cette déclaration n'est pas pour moi la révélation d'un danger nouveau; mais elle vient d'en haut, elle est faite dans une circonstance si solennelle que je m'en serais prévalu pour donner à mes opinions une autorité qui ne pouvait être récusée par personne.

Qui oserait, aujourd'hui, contester la nécessité impérieuse de fortifier Paris? la Russie, l'Autriche, la Prusse, l'Angleterre même, Oui, je le conçois! mais un Français, c'est impossible!

Table des matières

1°   Chapitre   De   ...   billetiers

2°   —   Donnemus,

3°   —   Paris fortifié

9 782019 978006